Yon Liv Crabtree Rasin

Zannimo Pak Yo BÈF

AMY CULLIFORD
JEAN-PIERRE GASTON

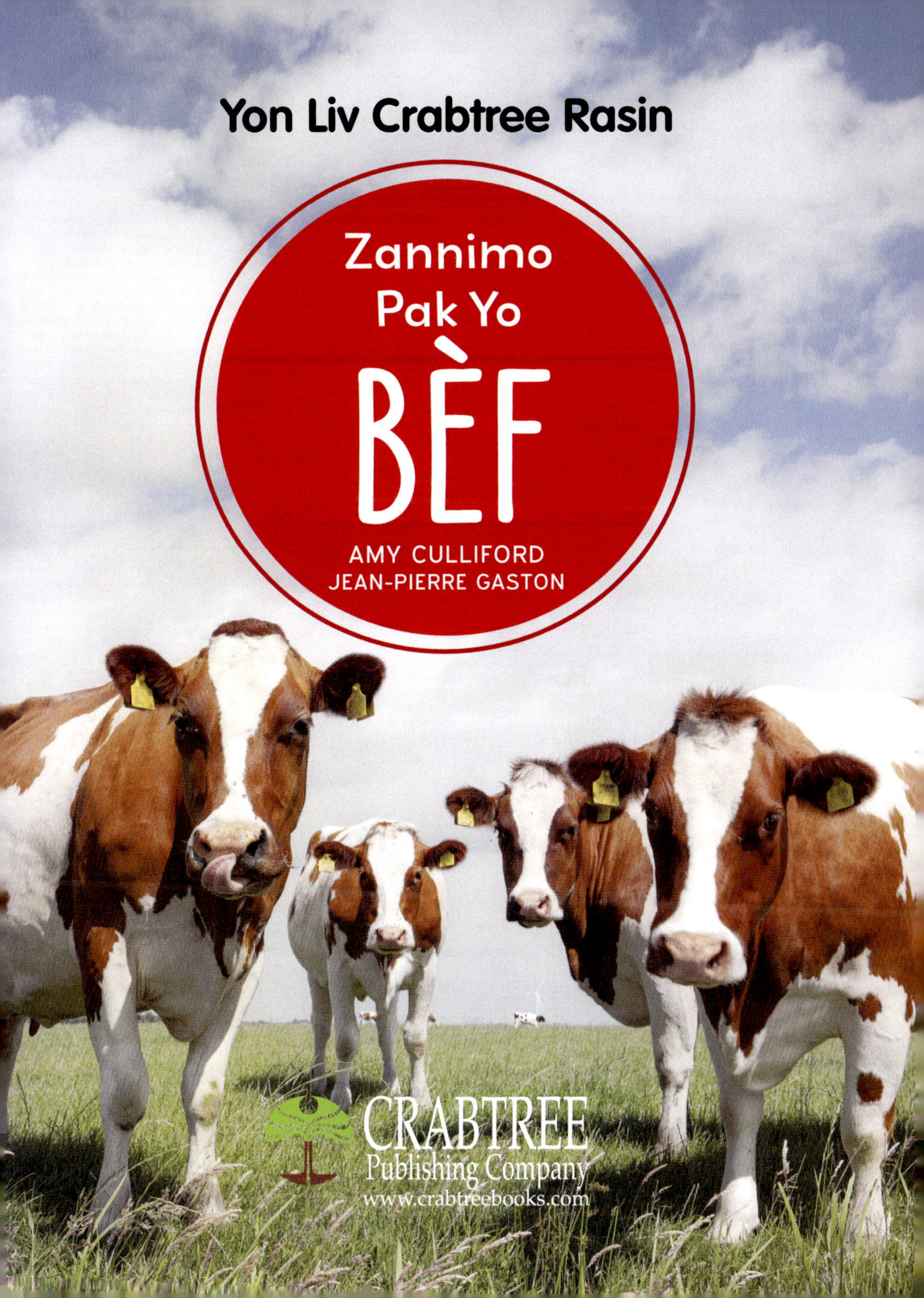

CRABTREE
Publishing Company
www.crabtreebooks.com

Sipò Lekòl A Kay Pou Moun Kap Bay Swen Ak Pwofesè Yo

Liv sa a ede timoun yo grandi lespri yo nan kite yo pratike lekti. Men kèk kesyon kap ede lektè a bati konpreyansyon konpetans yo. Epons posib yo parèt an wouj.

Anvan Lekti:

- De kisa mwen panse liv sa ap pale?
    - *Liv sa a se sou bèf.*
    - *Liv sa a se sou bèf ki viv nan pak yo.*

- Kisa mwen vle aprann sou sijè sa?
    - *Mwen vle aprann sou tout kalite bèf.*
    - *Mwen vle aprann ki koulè yon bèf ka ye.*

Pandan Lekti:

- Mwen mande poukisa...
    - *Mwen mande poukisa bèf gen tach.*
    - *Mwen mande poukisa bèf di mou.*

- Kisa mwen te aprann jiskaprezan?
    - *Mwen te aprann ke bèf ka gen koulè diferan.*
    - *Mwen te aprann ke gen bèf ki ka fè lèt.*

Aprè Lekti:

- Ki detay mwen te aprann sou sijè sa?
    - *Mwen te aprann ke bèf ka gen koulè mawon.*
    - *Mwen te aprann ke se pa tout bèf ki ka fè lèt.*

- Li liv la ankò epi chèche mo vokabilè yo.
    - *Mwen wè mo* ***pak*** *nan paj 5 ak mo* ***lèt*** *nan paj 10. Lòt mo vokabilè yo wap jwenn nan paj 14.*

Sa se yon **bèf**.

Bèf sa yo nan yon **pak**.

Gen bèf ki mawon.

Gen bèf ki nwa ak blan.

Gen bèf ki fè **lèt**.

Tout bèf ka di mouu!

Lis Pawòl

Mo timoun rekonèt lè yo fèk kòmanse li

ak	nwa	yo
blan	sa	yon
fè	se	
mawon	tout	

Mo pouw Konnen

bèf

lèt

pak

30 mo

Sa se yon **bèf**.

Bèf sa yo nan yon **pak**.

Gen bèf ki mawon.

Gen bèf ki nwa ak blan.

Gen bèf ki fè **lèt**.

Tout bèf ka di mouu!

Zannimo Pak Yo

BÈF

CRABTREE
Publishing Company

Ekri pa: Amy Culliford
Ki fèt pa: Rhea Wallace
Devlopman Seri a pa: James Earley
Korektè: Kathy Middleton
Konsiltan Edikasyon: Christina Lemke M.Ed.
Tradui pa: Jean-Pierre Gaston

Photographs:
Shutterstock: Clara Bastian: cover (tl); Sebastian Knight: cover (tr); Oligo22: cover (b); Anton Havelaar: p. 1; Clara Bastian: p. 3, 12, 14; Maxy Me: p. 4, 14; L.M. Dunn: p. 7; SGr: p. 8-9; RedTC: p. 11, 14

Library and Archives Canada Cataloguing in Publication

CIP available at Library and Archives Canada

Library of Congress Cataloging-in-Publication Data

CIP available at Library of Congress

Crabtree Publishing Company

www.crabtreebooks.com 1-800-387-7650

Printed in Canada/052021/CPC

Pibliye Ozetazini
Crabtree Publishing
347 Fifth Avenue, Suite 1402-145
New York, NY, 10016

Pibliye nan Kanada
Crabtree Publishing
616 Welland Ave.
St. Catharines, Ontario L2M 5V6